결이 있는 삶

조성원 시집

문학공원 기획시선 18

하늘과 땅 사이에 빈 공간이 있듯이
나무줄기와 꽃의 사이가 있듯이
삶에도 여백이 필요하다
치열한 일과를 마치고서
나 혼자만의 시간이 필요하듯 말이다
시에도 여백은 필요한 것

캘리그라피 지상갤러리를 겸한

여백이 있는 삶

조성원 시집

문학공원

시집을 펴내며

시편(詩篇)을 자주 대해서일까?
시(詩)는 언제부터인가 내 마음 주변을 맴돌았다.
詩 친구는, 어느 날 불현듯 내게 다가와
때로는 내 마음을 만져주고, 때로는 묵상으로 이끌어준다.

시를 쓰면 마음이 호수만큼 고요해지고, 쉼과 위로를 얻었다.
특별히 시를 배우지도 않았지만 배우고픈 마음도 없다.
투박하지만 판에 박히지 않은 진솔한 내 속의 이야기를
여과 없이 내어놓을 때 카타르시스를 경험한다.

중학교 시절 교회 누나로부터 받은
永遠한 世界의 名詩 칼라판 '草原의 빛'
1973년 판, 書正出版社 編者
그 시집의 첫 시가 H. W. 롱펠로우의 '인생 찬가'였다.
"슬픈 사연으로 내게 말하지 말라.
인생은 한낱 헛된 꿈에 지나지 않는다고 … 무덤이 그 목표는 아니다."

그때 받은 감흥과 고교 시절 부친의 목회지를 따라
남해 바닷가를 걸어 학교에 오가며 보았던
진회색 구름 사이로 동그랗게 반짝이는 바닷물 위로
천사가 곧 내려올 것만 같은 빛의 광경과
한려수도 위에 그려진 황혼은 설명할 길이 없다.
아직도 시로 표현해낼 자신이 없지만
언젠가는 쓸 날이 올 것이라 스스로 다독인다.

꽃잎이 속살을 드러내고 부끄러운 듯 수줍어하며
마음을 들킨 듯 부끄러운 양, 첫 시집을 세상에 내놓는다.
가깝거나 멀리 있는 그 누군가와 마음을 나누기 위해서다.
주로 새벽에 주시는 영감으로 쓴 시가 많다.

이 시집을 읽는 모든 이들이
"나도 시를 쓰고 싶다", "나도 시를 쓸 수 있겠다"는
용기를 얻고 머지않아 자기 삶이 담긴 좋은 시를 나누는
기쁨이 있기를 기대한다.

그동안 시를 읽어 주고 격려해주신 가족과 교우, 지인 분들과
등단하기까지 지도 편달해주신 정려성 원로시인 목사님과
김재남 문학평론가 목사님 그리고 광나루문인회원들께 감사드리며
혼(혼)이 깃든 캘리그라피를 나누어주시고
'바다가 고요해 보이지만 많은 것을 품고 있다'는 듯의
정해(靜海)라는 호를 지어주신 엄영수 목사님과
출판에 도움주신 김순진 대표님과 전하라 편집장님께도
고마운 마음을 표합니다.

2021년 가을

정해(靜海) 조 성 원

차례

시집을 펴내며 5

1부 소나무에게 배우다

청간 큰 바위에 올라 14
소나무에게 배우다 15
하늘 위에서 쓴 시 16
호박소 계곡에 누우니 18
새벽 시상(詩想) 20
병정놀이 인생 22
그래도 꽃은 피고 새는 노래한다 24
동강의 아침 26
상처는 상처를 안다 27
태평양의 쉼표 사이판 28
인생 지하철 30
산과 바위 32
코스모스 피고 지는 걸 몰랐네 34
물과 같이 살았으면 36

2부 길은 있다

이름 하여 청년입니다 40
만리길 만만디의 나라 42
제주에는 우도가 있다 44
산에서 산을 생각하며 46
여백이 있는 삶 48
아신대 50
장가계 산물(山物) 52
황룡 동굴의 속살을 보다 54
오사카는 생물이다 55
울산역 KTX시대 56
태화강으로 생수의 강이 되게 하라 58
라용 반딧불 60
차마 못 다한 말들 62
늙어 죽지 않는 글 64
자두 하나를 먹으며 66
3.1운동 100주년에 부쳐 68
모든 터널에는 끝이 있다 70
길은 있다 72
문제 속에 답이 있다 74

차례

3부 내 마음의 고향 영양

내 어머니 78
축시 81
내 아버지 84
내 마음의 고향 영양 86
코스모스 같은 그녀 88
기적의 어머니 기도 90
달그락 달그락 92
부모 자식 94
아내가 옆에 없다면 96
부부로 산다는 것 98
있을 때 잘 해 100
내 아내가 좋아하는 것 102
시인이 되고픈 시인 104
안경을 닦으며 106
결혼 축시 108

4부 이런 교회가 되게 하소서

영적 비만 치료 112
소명(召命) 114
사순절의 묵상 116
사마리아 여자 118
죄 이제 지겹다 120
빼기 영성 122
이런 교회 되게 하소서 124
비 오는 창가에서 그분의 사랑 듣네 126
내 마음을 새롭게 하소서 128
마스크를 쓰고 배운 것 130
수렁에서 건지시는 주 132
환자를 위한 기도 134

작품해설 / 김순진(문학평론가 · 고려대 평생교육원 교수)
여백과 길, 그 꽃과 호미의 시학 138

1부

소나무에게 배우다

청간 큰 바위에 올라

눈부신 햇살에 눈을 떠 창밖을 보니
보이는 것은 모래사장과 바다뿐이라

모래사장에 흔적 남기노니
바람이 쓸어가더라도 기억은 지우지 못 하리

바다를 물고 엎드린 바위 위로
질곡의 주름이 깊게 폐였어라

내 지금껏 본 바닷가 바위 중
너 같이 큰 바위는 처음이라

멀리 바라다 보이는 지평선에는
금빛 무지개만 빛나누나

내 이곳에 마음 두고 가노니
허허로울 때 다시 널 찾아오리라

소나무에게 배우다

창가의 제법 큰 소나무가
내게 다가와 말을 건다

나처럼 푸르게 살라고
솔방울만큼이나 숱한 열매 맺으라고

가지 많아도 한 줄기인 것을
너와 나 우리도 한 하나님 아버지 자녀인 것을

왜 몰랐던가 왜 잊었던가
알고 나면 모든 인간관계 실타래가 절로 풀릴 것을

왜 반목질시하며 시기 질투 경쟁하였던고
가지는 줄기에게 묻고 줄기는 뿌리에게 물어서라도

내가 누구인가를 알고나 살았으면
우리 모두 행복하련만

하늘 위에서 쓴 시

굉음과 함께 땅을 박차고 이륙하니
높은 산도 넓은 바다도 다 아래로 보인다
천상에서 천하를 보니
잘난 사람 높은 사람이 따로 없다
신분고하는 땅에서 아웅다웅하던 때의 일이다
더 높이 솟구쳐 오르니
빌딩과 주택과 공장이 똑 같이 바둑알 같다

알래스카 눈 쌓인 듯
거대한 구름 속 날며
기체가 심하게 요동을 친다
구름 밖으로 나와서 보니 쪽빛 하늘이
아무 일 없다는 듯 반긴다
우리가 사는 인생이 그러려니

구름 저만치 아래로

골골이 자리 잡은 동리가 정겹다
거미줄 얽혀있듯 동리마다
선 같은 길이 닿아있다

길은 닿아 있지만 마음은 어떨지
하늘과 땅이 마주보듯
서로 마주해야 풀릴 일이렷다

독수리도 날개를 펼 때가 있는가 하면
접을 때가 있듯이
비행기가 날아오름은 내려가기 위함이려니
인생사 오르면 내려 갈 때가 있는 법
비행기 아래로 내려다보며
자기비하의 십자가 지신 주님의 겸손을 배운다

* 2010 8 23 이스라엘 방문 KAL기내에서

호박소 계곡에 누우니

중복도 지난 한 더위
소문을 듣고 찾은 호박소 계곡

이리저리 돌며 정한 자리
나무 아래 돌 위 물 옆

자리에 누우니 코발트 하늘이 천장이라
천장에 떠도는 갈색 잠자리 떼

유독 붙어 다니는 두 마리
붙었다 떨어졌다를 반복한다

물 · 돌 · 나무 · 하늘이
제각각이나 또한 하나이라

물이 산이요 산이 물이라

경계와 선과 구분이 없다

자연은 본래 하나인 것을
사람들이 나누었을 뿐

꼭대기 물이 호박소로 흐르고
호박소 물이 계곡으로 흘러

저 낮은 곳으로
더 낮은 곳으로 몸을 낮춘다

새벽 시상(詩想)

시인은 새벽을 깨우고
새벽은 시인을 깨운다

깨끗한 시간
아무도 사용하지 않은 시간
맑은 영으로
위로부터 내리는 시어(詩語)를 받는다

하늘의 언어를
땅의 언어로 옮기는 산고를 치른다

꿈에도 생각해 보지 못했던 착상이
물안개처럼 피어오르고
점점 더 커져 운무가 된다

창문 틈 마냥 조금씩 열리는

새벽녘 어스름한 시간
토란 위의 진주 같은 이슬 방울이
아침을 마중하기 위해 하나가 되듯
알알이 맺힌 시어들이 모여
한 편의 시를 낳는다

새벽이라고 부르기도 이른 시간에

병정놀이 인생

사람들은 끊임없이 집착한다
계장에서 과장을
고졸에서 대졸을
일병에서 상병을

정상에서 또 다시 사다리를 세운다
사장은 회장을
선생은 교장을
성직자는 박사를

그 일의 허무를 깨달을 때 까지
재벌은 권력을 탐하고
권력은 재벌을 탐하고
국민은 둘 다를 탐하고

병정놀이로 하루해가 다 간다

아이들의 병정놀이는 엄마가 부르면 다 끝난다
깨닫느니 세상 권력과 감투의 무익함을
요람에서 무덤까지 다 병정놀이에 불과한 것을

그래도 꽃은 피고 새는 노래한다

창밖을 내다보니
앙상하던 살구나무 가지 위로 빨간 꽃봉오리가 올라오더니
이내 꽃이 활짝 피었다

연분홍색 치마를 입고 부채춤을 추는 듯
맵시를 자랑한다
나 한 번 보란 듯이

들리는 소식들은 암울하지만
그래도 꽃은 피고 새는 노래한다
그나마 위로가 되고 힘이 난다

지쳐 있고 멀리 떨어져버린
사람과 사람 사이를
자연과 봄이 메꾸어준다

베란다에 둔 화분에선
올해도 군자란이 연한 순에 붉은 입술을 드러낸다
보는 이의 마음을 다 빼앗아갈 만큼

하늘 높이 매달아놓은 별은
어두운 곳에서야 제 빛을 발한다
아직 별을 볼 수 없는 것은 삶이 그만큼 어둡지 않은 것이리라

아직은 살만한 것이리라
이보다 더한 어려움이 와도 우리는 살아내리라
그분이 살게 하시는 그날까지

동강의 아침

좌 사첩 우 오첩이라
질뿌연 아침 안개 드리워진 동강의 산골 비경
가까운 산 먼 산이
가운데 낀 산들과 어깨동무하고 비스듬히 서 있다

왼 산과 오른 산 사이로
거운교 다리만큼이나 넓은 강이 흐른다
잔잔하게 흐르는 듯하다가 소용돌이 치고
급물살에 출렁이는 래프팅의 장관

영월의 꿈이 아침 안개와 함께 펼쳐진다
채송화도 눈뜨고 염소는 이미 깬지 오래다
산 어깨를 두른 안개가 열어지면서
동강의 아침이 온다

상처는 상처를 안다

아프지 않은 인생이 어디 있으랴
상처 나고 덧나서 딱지가 앉은 인생들
그 괴로움을 아는가

나 혼자만의 이야기인줄 알았다
적어도 남의 삶에 귀 기울이기 전까지는
남의 상처도 나 보다 깊을 수 있음을 비로소 알았다

이제야 남에게 내 마음을 열 수 있게 되었다
상처는 상처를 안다
그 깊이와 고통의 어떠함을

내가 받은 상처는 아물지 않을 줄 알았다
영영 상처로만 있을 줄 알았다
상처가 나에게 말한다
또 다른 상처 입은 영혼들을 돌아보라고

태평양의 쉼표 사이판

그리 크지 않은 섬이지만
쉼과 낭만이 있는 곳
생김새도 사분쉼표 마냥 생겼다

사람도 천천히
차도 천천히
시간도 천천히 흐르는 곳

하루에도 일곱 색깔로 갈아입는
마나가하 섬 바다
스노클링하며 형형색색의 열대어와
입맞춤 하는 곳

수평선이 원형인 적도의 땅
바다와 하늘이 맞닿아 곡선을 이루는 곳
선상에서 바라본 해질녘 노을은

창조주가 아니면 만들 수 없는 불타는 장관(壯觀)

밍크코트 입을 일이 없는 곳
좋은 차를 산들 달릴 일이 없는 곳
빈부차이 없어 함께 어우러지는 곳

자기 일에 열과 성을 다한 이들이 와서
잠시 쉼표를 찍고 가는 곳
언젠가 다시 와보고 싶은 곳 그 이름 사이판

내 마음은 아직도 태평양 위에 떠 있다

* 2013 6 27 SAIPAN에서

인생 지하철

무수히 많은 사람들이 타고 내린다
타고 난 역에서 얼마를 가다보면
이내 내리는 사람과
아주 멀리 가는 사람이 있다

인생도 그런 것
때가 되어 태어나고
또 언젠가 인생 무대에서 대중없이 내려선다

노선을 갈아타려면
높고 수많은 계단을 올라야 한다
용케도 기계 계단을 탈 때도 있지만

인생도 그런 것
진학과 승진과 출세를 위해서는
숨찬 일들을 겪을 때가 한 두 번이 아니다

간혹 수월하게 오를 때도 있지만

갈아 탄 지하철에서 빈 좌석을 만나는 건
행운
행운은 그렇게 자주 오지 않는다

인생도 그런 것
성공할 기회와 사랑할 때는
좀처럼 쉽게 주어지지 않는다
그것이 인생 지하철이려니

그래도 나는 오늘 희망을 가지고 지하철에 오른다

산과 바위

이 큰 산의 울창한 숲에는
나무들만 있는 게 아니다

군데군데 바위들이 널 부러져 있다
때론 나무에 기대어
혹은 나무 앞에 상처럼 반듯하게
놓아져 있다

땅 속에 몸을 반이나 숨기기도 하고
뾰족하게 또는 둥글게 삼삼오오 모여서
무슨 모임이나 하는 걸까

나무랑 산이랑 누가 더 오래 사나
내기라도 하는 걸까

산에 나무만 있다면 쉬어 갈 곳이

마땅치 않을 터인데
나는 산에 바위가 있어서 좋다

코스모스 피고 지는 걸 몰랐네

한강 이촌 길 따라 걷는 길
팔월의 초반
잠자리 날고 개미들 집 짓느라 분주하다

강변길 따라 걷노라니
길가로 코스모스 저마다 고개 내밀고
절 보라고 한다

가만히 다가가 들여다보니
부채 마냥 활짝 핀 코스모스들 사이로
벌써 속이 까맣게 타들어가는 것들도 보인다

코스모스도 외로움 타는지
군락을 이루어 산다
내 맘과 같을까

강변 바람에 살랑이는 코스모스
여려 보이지만
바람 따라 잘도 서 있다

분주한 일상이나마
강변 길 걸으며
코스모스 피고 지는 거라도 알고 살았으면

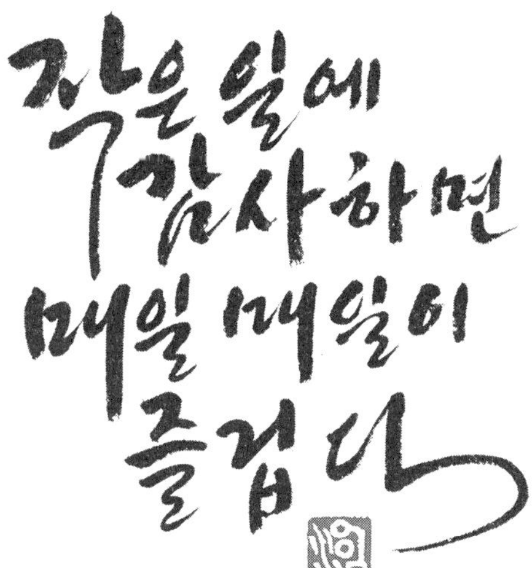

물과 같이 살았으면

치악산 계곡에 발 담그니
여름은 도망가고
온 몸이 아려 온다

물살이 세어서 일까
낮 이어서일까
견지낚시가 헛손질이다

구더기 목욕시키는 것도 아니고
물은 계속 흐르건만
송사리 입질도 없다

고기도 초보는 알아보는가
체면은 지키려는걸까
한 마리도 걸려들지 않는다

견지낚시 내려놓고 하는
손 물놀이 재미있다
물은 이내 나와 일체가 된다

흘러내리는 물살을 손으로 막으면
물은 내 손 모양대로 위로 흘렀다
다시 제 길로 간다

거스르지 않으면서도
가야 할 길을 간다
나도 물처럼 유연하지만 갈 길을 가야하리

* 2014 8 12 횡성 치악산 계곡에서

2부

길은 있다

이름 하여 청년입니다

향수 냄새가 아니라 향기가 나는 사람이 있습니다
가진 것은 없지만 가질 것은 많은 사람이 있습니다
경험은 적지만 열정은 하늘을 찌릅니다
이름 하여 청년입니다

쉽게 절망하기도 하지만 이내 일어섭니다
혼자 있어도 당당하지만 함께 할 때 더 아름답습니다
불확실한 미래로 인해 불안해 하지만 무한한 가능성에 도전합니다
이름 하여 청년입니다

사람들은 이기적일 것이라는 시선으로 바라보지만
지구촌을 누비며 섬기는 사람들은 대부분 그들입니다
스마트 폰에 빠져서 살지만 국제시장을 보며 눈물을 흘립니다
이름 하여 청년입니다

다음 시대가 어떻게 바뀔지 암울해하지만

이들은 지금껏 어느 세대보다 뛰어난 능력을 갖고 있기에
우리의 미래는 언제나 이들로 인해 밝습니다
이름 하여 청년입니다

만리길 만만디의 나라

땅이 갈라져 있고
사람이 막아서 있지
하늘은 잇대어 있었구나

아득한 옛땅
역사의 뒤안길로 들어선 느낌을
주체 할 수 없어라

어제의 원수가 오늘의 우방이라
미음 또한 한갓 부질없는 것
사랑이여 깊어만 가라

김해에서 북경이라
구름둥실 저 산맥이 발 아래라
어느 임금 어느 황제가
구름 위에서 수라상을 받았으랴

북경에서 연길이라
온 것보다 더 가니 말 그대로 지대물박(地大物博)이라
없는 것 빼고 다 있다니
정작 복음이 있어여라

고거다(古巨多)
철마만 달리면
금강산도 백두산도 단숨에 달려
만리장성 거쳐 실크로드 즈려 밟고
유럽도 이웃하리

중국이 개방되듯
북한도 거듭나라
통일의 대문이여 활짝 열려라
내일의 환희를 앞당겨 맛봄이
사치만 아니리라

* 2003. 7. 28. 연길행 중국기내에서

제주에는 우도가 있다

오랜만에 다시 찾은 제주는
생경하기보다 새로웠다
살면서 한 번 쯤 인생의 방점을 찍어 줄
필요가 느껴질 때 걸을만한 사려니 숲길
꽉 막힌 가슴을 속 시원하게 뚫어줄
주상절리의 파도 분말 소리
아직도 내 눈에 내 귀에서 철썩 거린다
안개 낀 에코랜드는
동화 속 신비의 모습을 하고 나를 맞아 주었다
중간 역에서 내려 구경하고 다시 타듯
인생에도 한 번 더 기회가 주어졌으면 좋으련만
에메랄드로 칠한 듯한 협제 바닷가
창조주만이 그려 낼 수 있을
화폭을 선보인다
그래도 제주의 백미(白眉)는 우도다
우도 봉을 내려와 돌아서면 볼거리 먹을거리다

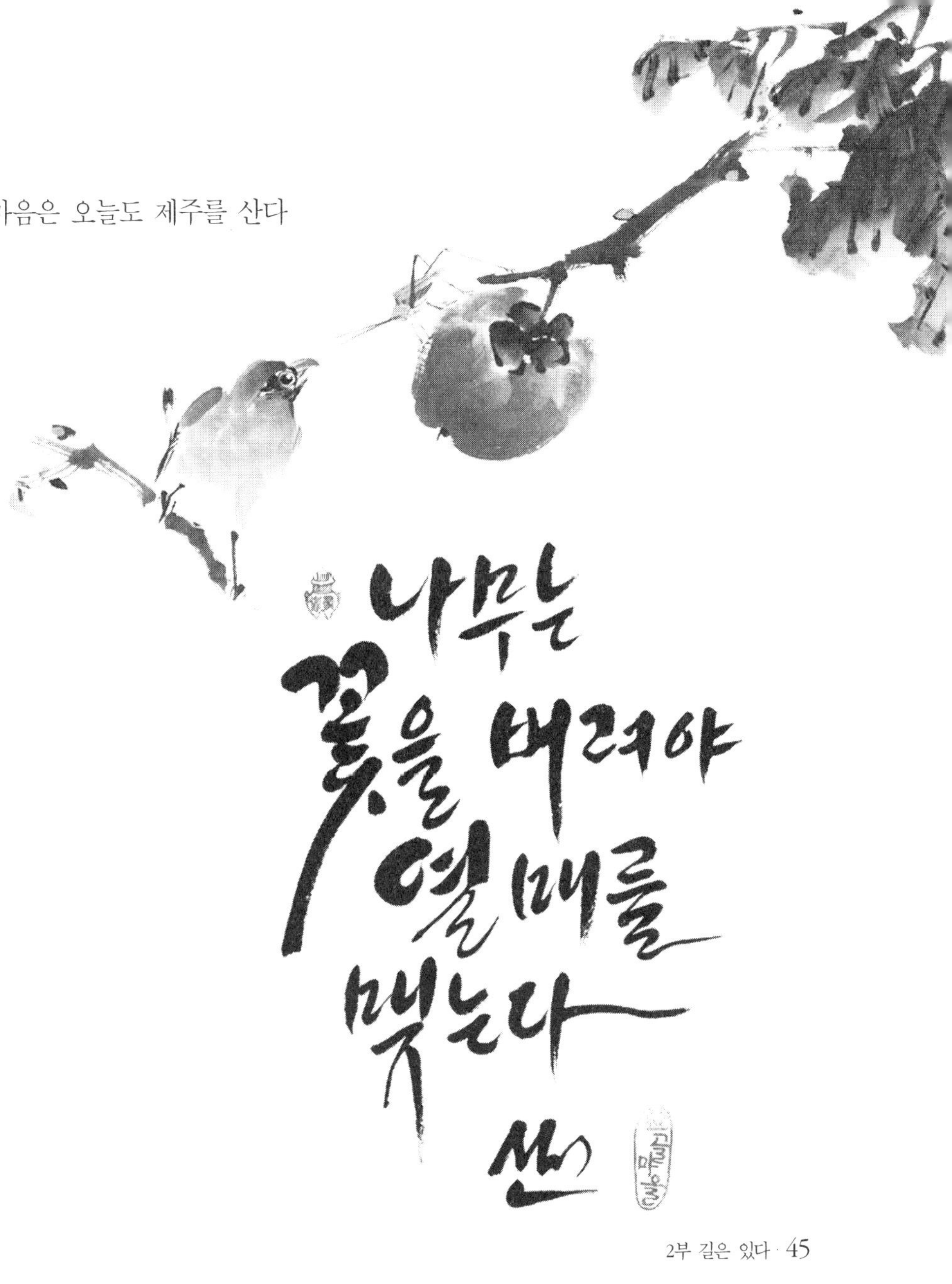
나무는
꽃을 버려야
열매를
맺는다
산

산에서 산을 생각하며

산은 따로 있지 않았다
나무 한 그루 한 그루는 외롭다
나무 한 그루 한 그루가 모여서
동거 동숙함으로 산이 된다
나무야 나무야
너는 언제부터 여기 살았니
이웃 나무랑은 잘도 지내니
층간 소음일랑 없겠지
키 큰 나무가 군림하고 잡아먹는
약육강식은 아니겠지
사철 옷 갈아입기는 하지만
추위와 더위는 어떻게 지내니
이웃과 너무 붙어 있어
일조권 시비는 없니
평화롭고 조화로운 산에 오르며
나무에게 인생사는 지혜를 물어본다

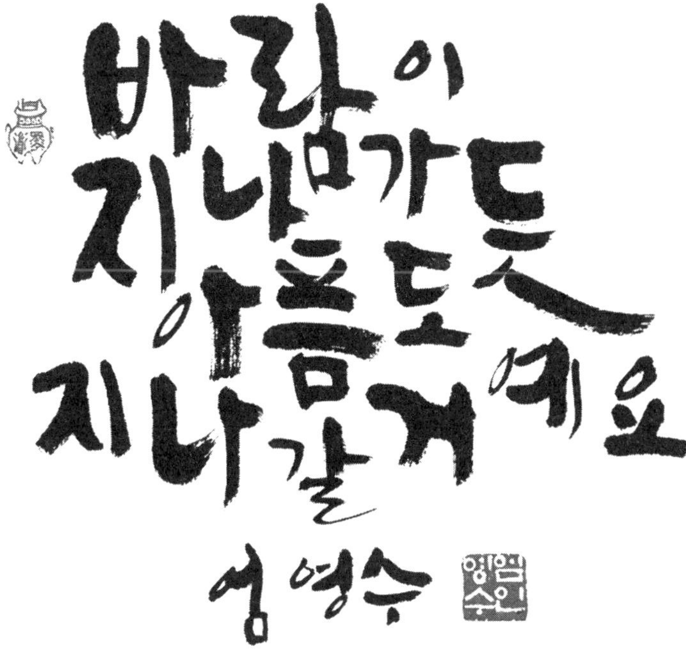

* 2015 8 20 오륜 비전 빌리지에서

여백이 있는 삶

모처럼 아무런 일정이 잡혀져 있지 않은 날이다
사람에도 일에도 매일 일이 없는 날이다
그냥 캔버스 위에 빈 도화지와 같은 날이다

마음 가는대로 생각 가는 대로 발 가는대로
물처럼 빛처럼 흐르고 스며들면 되는 거다
그래서 오늘은 자유로움과 새로움의 날이다

하늘과 땅 사이에 빈 공간이 있듯이
나무줄기와 꽃의 사이가 있듯이
삶에도 여백이 필요하다

치열한 일과를 마치고서
나 혼자만의 시간이 필요하듯 말이다
시에도 여백은 필요한 것

가까운
사람에게
눈을 마주치며
그랬구나 라고
공감해주세요

산골마을

아신대

아세아연합신학대학원
다시 이름 하여 아신대

1974 아시아와 세계복음화 위해
하나님의 사람을 길러내는 선지의 동산

남한강 물줄기 흘러 아시아로
오대양 육대주까지 세계로
복음의 향기 널리 전하리라

21-22세기
선교의 전진기지
현대판 안디옥 신학대

하나님이 아신대?
누가 소명 받았는지?

누가 충성된 자인지?

말씀과 성령으로 어깨동무하여
하나님 나라 역사의 새 장을 열어가는
이곳에 주여 임하소서!

* 2021. 7. 7. 아신대 교명 개명 축하시

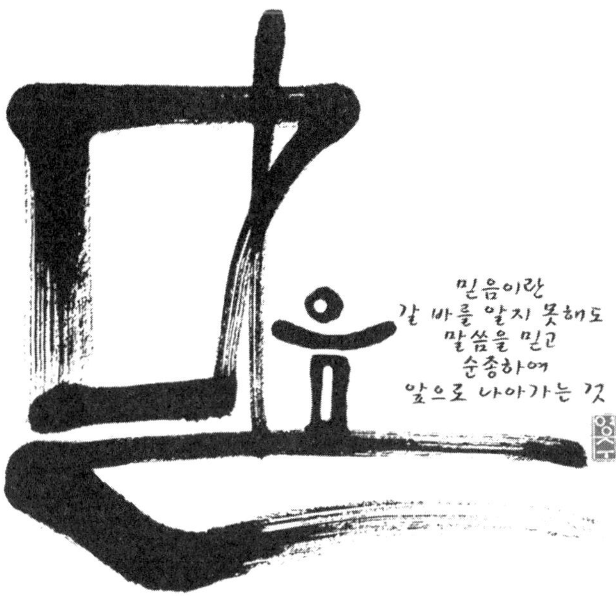

장가계 산물(山物)

사람마다 인물이 다르듯
산에는 저 나름의 산물이 있구려
기암절벽 정상 위에 심긴 나무 한 그루
구름 위로 솟은 부부 암
구름 저만치 애기 봉우리
제각기 품새를 뽐낸다
천하제일 기산이라는 장가계에 오르니
이리 봐도 절경이요
저리 봐도 절세미인이라
첩첩산중 부채꼴로 열어지는 색감이
옷감에 물들이는 어느 장인도
흉내 낼 수 없어라
구름이 흘러가는지
산봉우리가 걸어가는지
가늠하기 어려워라
때로 배고픈 구름이

산봉우리를 베어 먹는다
먹고 나도 다시 새 것이다
외롭게 솟은 봉우리는
앞서 가는 봉우리 따라 잡으려하네
우뚝 솟은 바위는
앞으로 보면 날렵한데
옆으로 보니 배가 불렀다
눈코입귀 다 가진 봉우리가 있는가 하면
눈코만 가진 봉우리도 있지만
불평일랑 아예 없다
오직 저마다의 모양에 만족한 듯
자연의 개선문 밖으로 보는 풍광은
더욱 고색창연하다
이내 하늘로 나를 것만 같은 바위는
못내 석별의 정을 오래 나눈다

* 2012 4 19 중국 장가계에서

황룡 동굴의 속살을 보다

땅은 감추었던 비밀을 열어 보인다
수 천 수 만년의 신비를
겉보기엔 여느 산과 다름없지만
속살을 들여다보니 경이롭기 그지없다
일천 이백 여개의 종유석이
자기 자리를 지키고 서 있다
천정에 매달린 석종의 눈물
그 눈물 받아 키 자라는 석순
백년에 일 센치 자라느니
팔 백년 후에 만남을 기약하는 종유석
동굴 속을 한 없이 오르고 내리기를 수 차례
황룡동굴의 장엄함을 본다
가느다란 산 등줄기에서 흘러내리는
동굴 속 빗줄기여
눈물이 모여 이룬 호수 위로
배가 노닌다

* 2012 4 19 중국 장가계에서

오사카는 생물이다

젊디젊은 오사카
도로와 인도 건물 안 어디에나
낮이나 밤 새벽까지
젊은이들로 북적인다
자전거가 익숙한 사람들
앞뒤로 아이를 태우고 잘도 달린다
핸드폰 턱에 받치고
어디론가 쏜살같이 내달린다
스시와 우동이 제 맛인 곳
어디에 가나 쉽게 찾고 즐길 수 있다
숟가락이 없는 젓가락 문화
밥 그릇 들고 먹어 실수 줄인다
열다섯 세계 문화유산 자랑하는 오사카
친절이 무기다
아리가도 고자이마스 스미마생

* 2013 4 30 일본 오사카에서

울산역 KTX시대

철도의 축지법 KTX
서울이 먼 것 빼고
아쉬울 것이 없던 울산
KTX 덕분에
부러울 게 없네

2010년 11월 1일생 KTX울산역
첫 승차한 2010년 11월 22일 06시 21분발 서울행
속도감에 비해 쾌적하고 조용하다

십 수 년 전
프랑스 발 영국행 해저 떼제베(TGV)를 탔을 때
신기함보다 컸던 부러움
한 순간에 날려 버린 자부심 가득하다

너하고 벗하여

세상과 소통하고 이웃과 하나되리
한국의 효자도시 울산이여!
산업을 넘어 교육과 문화와 신앙의
움이 돋고 꽃이 피어 열매 맺으라

태화강으로 생수의 강이 되게 하라

울산의 도심 한 복판으로
당당히 흐르는 태화강 줄기

언제부터 흐르기 시작했는지
얼마나 많은 물이 흘러갔는지

아무도 알 수 없지만
분명한 것은 오늘도 가득 차
동해 바다로 흘러 들어간다는 것

파도 편에 누구 편지 가져왔나
출렁이는 물결 위에 귀 기울여 본다

무어라 적어 놓았을지
점자 읽듯이 가만히 물살을 만져 본다

내 편지도 전하고파서
물 위에 적어 보낸다
파도야 파문(波文)아 지우지 마렴
부디 나의 친구에게 읽어 주려무나

태화강 저 물이 수많은 사람 먹이고 살리듯
이제도 흐르는 저 강이 생수의 강 되어
오늘도 수많은 영혼 살아나라

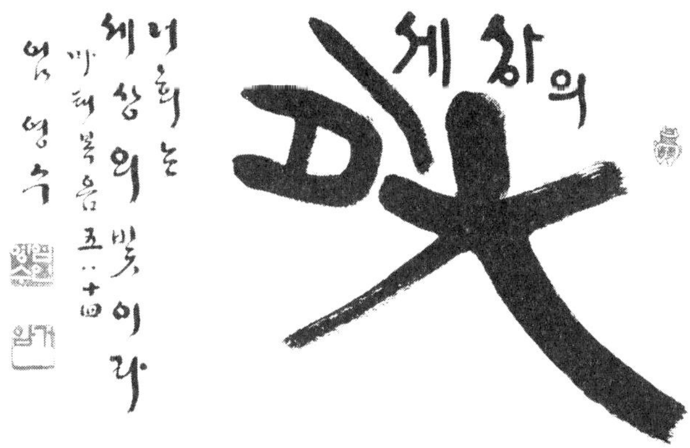

라용 반딧불

밤하늘 높이 뜬 반딧불
나무 위에 매달린 작은 별
호숫가 선상에서 보는 별은
큰 반딧불 같고
높은 나무에 매달린 반딧불
고층 빌딩 같고
낮은 나무에 매달린 반딧불
성탄 트리 같아여라
날아다니는 반딧불 잡으면 악취 나는 것도
불 밝히기 위함이려니
어둑해야 반딧불 보이듯
시련의 밤에 반딧불 예수 보고파라
어릴 적에 살았던 경기도 광주
태전리 태봉에서 보던 그 반딧불이
여기에도 있을 줄은
지금 태봉엔 아파트 반딧불이 번쩍이나

아직도 라용에는 원초적인 반딧불이
불 밝힌다
반딧불이 비추이는 곳은 어디나 고향 같다
저 본향에는 해와 달은 필요 없으나
반딧불은 있었으면

*2015 11 20 태국 라용에서 한국시 등단작

차마 못 다한 말들

가슴에 꽉 차 있었지만
차마 그 말을 못하고 헤어졌습니다
그 말을 하고픈 마음은
오래 전 부터였습니다
어쩌면 처음 만났을 때부터였을 것입니다
마음 한편에 차곡차곡 쌓아 두었던
그 한 마디 "사랑 합니다"
너무 오래 아껴두어서인지
초성이 발음되기까지 뜸이 많이 들었습니다
ㅅ
ㅏ
ㄹ
ㅏ
ㅇ
ㅎ
ㅐ

차마 못 다한 말들
하고 나니
후련하기도 하고
아쉽기도 합니다
가슴 한편에 담아 두었을 때가
더 애틋했던 것 같아서
그래도 다행이라고 생각합니다
그 말을 들은
그대를 생각하면

늙어 죽지 않는 글

사람은 죽어서 말이 없지만
글은 살아남아서 말한다
아기가 소년 되고 소년이 청년 되고
청년이 장년 되고 장년이 노년 되어
죽어 가지만
글은 시퍼렇게 살아있다
젊어서 쓴 글이건 늙어서 쓴 글이건
글은 늙지 않고 죽지도 않는다
기쁠 때 쓴 글이나 슬플 때 쓴 글이나
상관하지 않고 글은 항상 글로 남는다
사람은 죽어 묘지로 가고
묘지도 화장하여 납골이나 자연장으로 가기도 하지만
글은 장사지내는 법이 없다
말은 우주 공간에 흩어져버려 조합이 어려우나
글은 초성과 중성 종성이 어우러져서
끝까지 힘은 쓴다

오래도록 남기를 원한다면
많은 말보다 적은 글을 남기는 편이 낫다
세월이 가고 사람도 가지만
글은 오래 오래 살아남아서 나를 웅변해 준다

자두 하나를 먹으며

일하다가 먹은 자두 하나가
내 입 안은 물론이고
온 몸을 행복하게 한다
자두가 있어도 먹을 수 없는 사람이
이 땅에 얼마나 많은데
나에게는 먹는 즐거움을 알게 해 주셨다
자두를 먹을 수는 있어도
지금 당장 자두가 내 앞에 없어서
먹지 못하는 사람은 또 얼마나 될까
붉고 탐스런 자두는 어쩌면
에덴동산의 선악과를 닮았는지도 모르겠다
먹음직도 하고 보암직도 하고 탐스럽기도 하다
입 안에서 이가 제일 먼저 호강하고
혀가 그 다음 차례이고
목구멍을 타고 넘어가니 온 몸이 반응한다
자두 하나가 이렇게 큰 즐거움을 주는 것을

예전에는 왜 몰랐을까 하는 생각이 들면서
잃어버린 즐거움을 되찾아온다
크지도 작지도 않은 자두 하나를
둘이 나누어 먹을 수는 없을까
넘치지도 모자라지도 않는 행복을 나누고 싶다
오늘은 자두 하나 때문에 기분이 좋고 행복하다
내일도 자두 하나 들고 다녀야겠다
자두 하나로 일상이 시가 된다

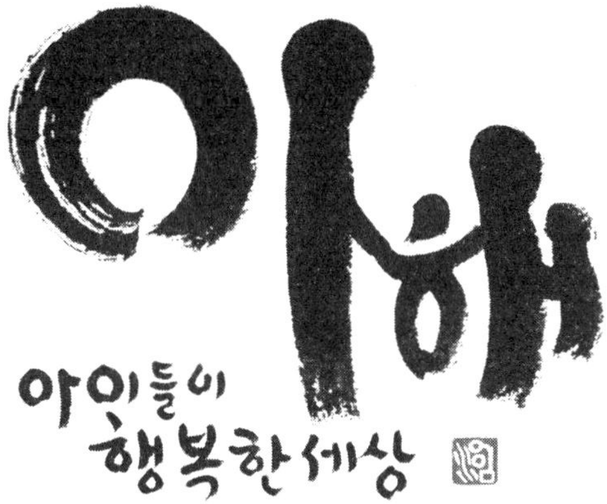

3.1운동 100주년에 부쳐

소리가 칼을 이기고
함성이 총을 이겼습니다
기도소리가 총소리를 이겼습니다
스스로 자기를 구원 할 만 한 아무런 힘이 없던 때에
십대 여린 관순 소녀에게 용기와 믿음 주시고
삼십을 갓 넘은 중근 청년에게 정의와 애국의 마음 주셔서
이 민족에 해방과 자유가 찾아왔습니다
나라를 통째로 빼앗았고
문화를 짓밟고 이름도 바꾸고 글도 빼앗겼지만
얼은 빼앗을 수 없었습니다
그 모진 고문도 애국신앙만큼은 꺾을 수 없었습니다
불이 번져 가듯 만세운동은 번져갔고
총칼은 잠시 그 불길을 잡는 듯 했지만
총은 불을 결코 이길 수 없습니다
고문은 사람의 뼈는 꺾을 수 있어도
사람의 마음과 정신 그리고 신앙은 어림없습니다

애국의 뿌리는 신앙입니다
신앙은 하나님이 주신 마음입니다
하나님이 주신 마음은 시들거나 늙거나 죽지 않습니다
만세의 함성은 기도가 되었고
기도는 순국과 순교가 되어서
오늘의 한국과 한국교회를 꽃피웠습니다
이제 상처 났던 자리가 꽃이 피고 열매를 맺듯이
대립과 대결이 아닌 공존과 공영의 새 시대를 꿈꿉니다
우리의 다음 역사는 지금의 생각과 기도에 이미 적혀있습니다
감사와 회개와 희망으로 오늘을 살아갑니다

모든 터널에는 끝이 있다

우리는 이제 막 처음 지나보는 터널에 들어섰다
예전에도 터널을 지나본 적이 여러 번 있지만
이번 터널은 더 어둡고 길게만 느껴진다
서울에서 강원도로 가는 길도
예전보다 시간은 많이 단축되었지만
터널이 생각보다 많다
길어도 너무 긴 터널이 있다
듣기로는 길이와 넓이로 세계에서도
손에 꼽히는 터널이란다
그래도 운전대를 꼭 잡고 가노라면
화안한 빛이 터널 끝에 걸쳐 있다
인생이 그렇다
사스 지나고 나니 메르스가 찾아오고
메르스 이기고 나니 또다시 코로나19가 왔다
목적지에 도착하기까지 터널은 계속된다
하지만 터널에는 반드시 시작과 끝이 있다

이 또한 지나가리라
잠시 우리를 긴장하게 하고 불안하게 하지만
애쓰는 의료진과 공무원과 물심양면으로 섬기는 이들을 통해
어서 속히 잦아 들리라
그래서 우리 노래하리라
"우리 승리하리라 우리 승리하리라
우리 승리하리 그 날에"
터널의 끝을 보게 하심을

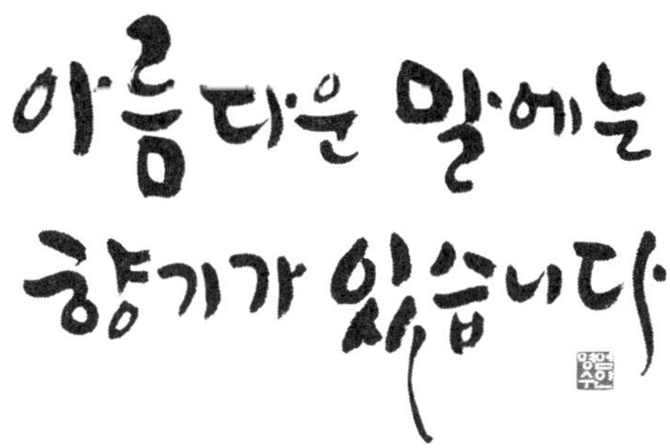

길은 있다

비록 큰길은 아니라 하더라도
어디에나 길은 있다
반듯한 길은 아니더라도
길은 나를 목적지로 이끌어 준다
길은 길과 닿아있다
어디로든 갈 수 있게 해준다
살다가 문제를 만났다 하더라도
길은 언제나 있다
다만 어느 길로 찾아가는 것이 좋은지는
순전히 나그네의 몫이다
길을 걷다 보면
좋은 생각이 떠오를 때가 있다
잘못 간 길이거든
이내 돌아 나오면 되는 것이다
길이 없는 게 아니라
길을 찾을 마음이 없는 것이다

길에서 헤맬 수는 있지만
다시 돌아보면 길은 보인다
길속에 답이 있다
길을 걸으며 문제를 되짚어본다

문제 속에 답이 있다

문제 속에 답이 있다
그 말은 진리다
어쩌면 문제가 있기에
답이 필요한지도 모른다
문제없는 세상에서 사는 것은
아무런 문제가 없다
그런 세상에서 사는 건
천국이 아니라면 불가능하다
문제와 함께 사는 게다
문제를 친구삼아 뒹굴며 함께 사는 게다
문제는 분명 나를 힘들게 하지만
문제를 풀었을 때의 기쁨은 그 고통을 뛰어넘는다
문제가 없기 위해 사는 것이 아니라
문제가 있기 때문에 사는 것이다
문제 속에서 나의 능력이 발휘되기도 하고
문제 속에서 주님을 만날 때도 있다

문제는 반가운 친구는 아니지만
그렇다고 문제를 원수 삼고 지낼 일만도 아니다

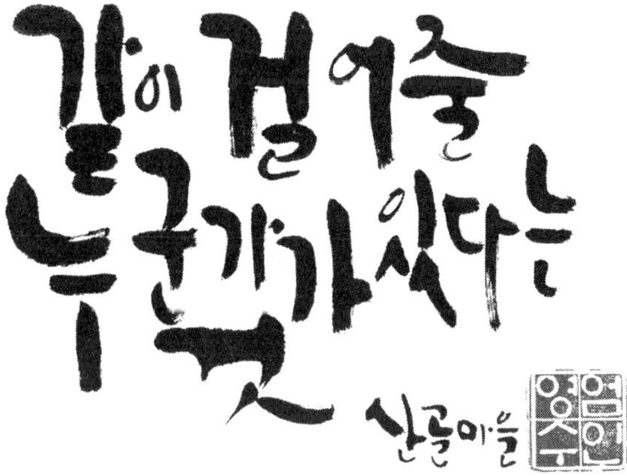

3부

내 마음의 고향 영양

내 어머니

안동이 고향이라 순박하기도 하여라
열아홉 살 긴 머리 처자가
교편의 꿈을 가진 청년을 사랑하다

정의감이 유난한 신랑을 찾으러
419와 516엔 날 업고
형무소마다 기웃거려야 했단다
예천의 한 알 학교 운동장 한 켠에서
중고생 교복을 만드는 억척을 보이더니
어느 날 서른 중반을 넘긴 신랑의
소명에 따라 목사의 사모가 되다

그만 하면 고생도 많이 했으련만
남은 고생 채우려고
교육보험 사원으로 파출부로
미싱공장과 가내 양화점 비닐 인쇄로

아니 해 본 일이 없으셨던 것 같다

일곱 식구 중 여섯이 학교를 다닌 적도 있어
제 때 수업료 내 본 적 별로 없지만
못 주는 마음은 오죽했으랴
연탄가스 중독으로 고비를 넘기니
한 겨울 섣달에 교회와 집이 한꺼번에 불이 나
나야 신발도 못 신은 채
동생들 챙겨 나온 게 고작이지만

그래도 발 닿은 목회지마다
사랑 심고 인심 얻어
사심 없이 그 분께 충성하였어라
은퇴가 상급이려니
유종의 미를 거둔 노년은
복되고 즐거워라

질고가 친구로 따라 붙으니
어쩌랴 내 너와 기숙하나
저 하늘나라까지는 동행치 못하리라

내 주님 계신 그곳
오매불망 고대하노니
오늘보다 내일이 기다려지고
내일보다 내 주님 오시는 그날에
받을 영광의 면류관이 사무치게
기다려지는 것은
내 어머니 본심이리라

* 2008. 8. 어머니 李壽命 사모님의 칠순을 축하하며

축시

– 부모님 금혼식에 부쳐

사랑 받기 위해 태어난 두 분이
사랑의 언약을 맺은 지 어언 오십년
은혼식 언제였는지 생각지도 못하였으나
금혼식의 고장 미국 LA에서
조금 늦은 감 있으나
딸 사위 효 받으며 치루니
이 또한 기쁘지 아니한 가

지나 온 오십여 성상
625 동란 지난 지 불과 일곱 해
무엇 하나 갖추어진 것 없었을 터
맨손으로 고학한 총각과
여리디 여린 처녀가
사랑 믿음 소망에 가약을 맺어
오늘에 이르렀어라

부모 몰래 신앙생활 하던 어린 시절
정지 뒤편 담장에 성경 얹어 놓고
앞문으로 나와 추운 겨울 교회 마루에서
새벽기도하다 잠든 몽중기도 들으시고
목사 사모 만들어서 사용하시더니
이제 사 그 무거운 목회사역의 짐 내려 주시고
쉼을 주셨구려

선생이 천직이려니 했던 착한 선생
학교 운동장 떨기나무에서 소명주시고
선지동산에 부르셔서 장로별명 듣게 하시다가
마흔에 목사 안수 받아 주인이 가라시는 대로
불려 다닌 종의 길이 삼십년이어라
가는 곳마다 고치든지 세우든지
공밥 먹은 먹사 였던 적은 없으니
주인 만날 때에 칭찬일랑 따놓은 당상일세

이남삼녀 낳아 길러 손주가 열이니
이들이 여호와의 기업이요 상급으로 알아
대를 이어 주의 종 된 자식들과

예비 의사 예비 교사 견습 선교사로 커가는
손주들 위해 기도하시다가
더 좋은 일들 많이 보시며 무엇보다
보내신 그 분을 기쁘시게 하시다가 회혼식도 누리소서

* 2009. 12. 23.

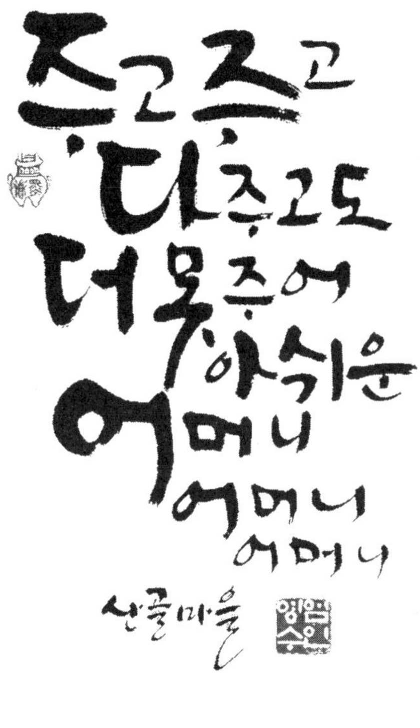

내 아버지

영락없는 경상도 사나이시다
그 패기로 고향을 등지고 혈혈단신 한양에 올라
고학으로 인창고 단국대를 거쳐 장신대 선지동산에 입문하시다

천성이 솔직하시고 의구심 없어
남에게 손해도 많이 당했건만
개의치 않으신다

남들이 안정된 직업이라는 교편을 뒤로하고
아이 넷 데리고 선지동산에 올라
주의 종의 길을 걷다
가는 목양지마다 영적 기류를 바꾸든지
교회를 증개축 신축했어라

시장과 군수를 나무라는 목사
그 기개는 본디

선지자에게서 물려받은 은사려니

아모스 선지자를 닮았다고나 할까
419에 일어서고 516에 저항하다가
서대문 형무소 신세도 지셨던 정의감과 애국심은
팔순에도 전혀 식지 않았어라
여전히 사람을 좋아하고
조국과 세계평화 하나님나라에 흠뻑 빠져 살으신다

육체는 팔순이나 모세처럼 기력이 쇠하지 않고
아직도 청년의 기백이 있다
개인적 소망은 다시 오실 주님을 살아서 뵈옵는 것

팔순의 영원한 청년 목사!
하루도 올곧지 않음을 견디지 못해 하시는
당신은 참 하나님의 사람

* 2012. 7. 아버님 팔순에 부쳐

내 마음의 고향 영양

경북 영양군 청기면 정족리 736번지
내 삶의 뿌리가 되는 원적이고
청록파 조지훈의 고향이기도 하다
서울 종로구 창신동 7번지
내 어린 시절 발자국을 남긴 본적지다
뿌리 없는 줄기 없고
줄기 없는 잎과 열매 없듯이
고향에서 태어나지도 자라지도 않았지만
내 마음의 고향은 영양인 것을 진갑이 넘어서야 알았다
뿌리 찾기 하려 고향에 들렀을 때
생전 처음 보는 나를 기다렸다는 듯이 반긴다
먹을 것을 내어 오고 여비까지 챙긴다
언제 다시 만날는지 기약이 없건만
고향에 대한 어린 시절 기억이라곤
과수원을 하시던 할아버지와 할머니께서
가꾸시던 복숭아밭에 높이 세워진 원두막에서

복숭아를 깎아 먹던 것이 전부다
널따란 마당에는 땅콩 줄기 널어놓고
추수하던 일들이 그림처럼 떠오른다
지금은 그 집의 터 위에 교회가 세워졌다(롬16:5)
그리고 그 교회에서 할아버지는 영수요 장로를 지내셨다
이름하여 정족교회다
그곳에서 할머니는 순회목회자에게
보리쌀 한가운데 쌀을 넣고 이밥을 떠서 대접했다
지금 그 허리에서 아들 목사 사위 목사 셋 손자 목사 다섯
손녀 목사 하나 손녀사위 목사 하나 해서 목사가 열 한 명이다
내 집에 교회 지어 드리고 이밥 대접했다고
하나님은 우리 집안을 목사 천국으로 만들어 주셨다

* 자녀 목사 - 조석오, 사위 목사 - 석병규 장현숙 양영오, 손자 목사 - 조성일 조성원 조성광 석태희 홍창현, 손녀 목사 - 조진성, 손녀사위 목사 - 이정현

코스모스 같은 그녀

경주 보문에서 감포로 가는 길목
팔월에 일찌감치 마중 나온 코스모스
늘씬한 키에 연지곤지 찍고 립스틱까지
빨갛고 희거나 분홍빛을 띄어
청초하면서도 애잔하기만 하다

신이 세상에서 제일 먼저 내신 꽃이어서 일까
여덟 잎 코스모스 여리고 곱다
약해 보이나 갈바람에 꺾이지 않는다
강경의원 집 1녀3남의 첫째로 자라
환자들을 간호하며 지내다
신학생을 만나 사랑에 빠지다

그저 한 번 만나주려니 했던 일이
그만 잘못 된 건지 잘된 일인지는
지나고 볼 일이지만 단정코 쉬운 삶은 아니었으리라

<

육 개월 연애와 약혼 육 개월 후의 결혼
한 편의 영화와도 같은 시나리오 거쳐
고무신 주례사에 눈물 훔치며 치른 결혼식
짧은 결혼식에 긴 인생사 벌써 스무 두해
신혼가구 흠집 내며 들어간 반 지하 셋방
낮은 천장 탓에 같이 눕혀 놓고 지낸 밤
이젠 다시 재연하기 힘든 옛 일이려니
톡톡 튀는 그녀지만 힘든 내색 하나 없다

그녀는 복중에 아이를 가졌고
신랑은 퇴근길에 과일 봉지를 손에 들었는데
아이는 자라 188 둘째는 185
두 기둥 사이에 선 그녀가 여동생 같다
속눈썹이 유난히 길고 눈이 큰 그녀는
오늘도 여전히 꿈꾸는 소녀 마냥 기도로 꿈을 꾼다
코스모스처럼 그 분과 남을 기쁘게 하는 삶을 희구하며

* 2008. 8. 26. 사랑하는 아내 장명숙 님께

기적의 어머니 기도

기적을 보았는가
그 일이 가능한 일 이었는가
그 일을 누가 한 번이라도 믿었던 적이 있었던가

그 일이 이루어지는 기적의 순간을 본 적이 있는가
기적은 눈 깜작할 새이다
그래서 기적의 목격자를 만나기 어려운 것이다

기적을 믿는 사람은 기적을 본다
기적은 이루어진 후에 알게 된다
기적의 이름은 기적이다

기적의 어머니를 아는가
기적을 잉태하고 낳고 기른 이를
기적의 어머니는 기도이다

기도가 이루어지는 순간 기적이 일어난다
기적이 일어나는 순간 기도는 해산을 하는 것이다
기도의 산고를 거친 것이 기적이다

당신은 기적을 믿는가
기적을 믿는다면 기적의 어머니를 가까이 해야 한다
기적은 기도와 모자지간이기 때문이다

달그락 달그락

이웃 집 주방 곁을 지날 때 들리는 소리
달그락 달그락
구수한 냄새와 함께 귀를 간지른다

우리 집 주방에서도 나는 소리
달그락 달그락
밥그릇일까 국그릇일까
아니면 반찬 그릇일까

그릇이 물을 만나고
그릇과 물이 사람을 만날 때 나는 소리
달그락 달그락

하루 세 번 아니
한 달에 아흔 번을 들어도 정겨운 소리
달그락 달그락

식사를 마쳤을까
식사를 준비하는 걸까
궁금한 게 많은 것 보니
먹고 싶은 것도 많겠다

오가며 지나는 길에
다시 듣고픈 소리
달그락 달그락
내 귀엔 음악소리로 들리는 것은 왜일까

부모 자식

부모 없이 난 자식이 누가 있으려나 마는
자식은 마냥 혼자 큰 것 같이 행동한다
부모는 온 생애 다 바쳐 자식을 키웠건만
늙어서는 자식 신세 지는 것을 안타까워한다
"내가 너희들을 어떻게 키웠는데" 하시는
당당한 부모도 계시건만 대게는 그렇지 못하다
오래 사는 것이 자신에게 달려 있는 것도 아니건만
부모는 "하나님이 나 불러 가는 것 잊으셨나보다" 하신다
부모가 자식 곁에 누워만 계셔도 복이거늘
함께 나들이 하고 맛난 것 드실 수만 있다면 원이 없다
부모는 하나님을 보여 줄 수 없어서
내 곁에 붙여 주신 존귀한 분이시라
과하게는 못 모시더라도
분 내게 하지는 말아야 할지고
어느 새 늙게 될 자신을 생각해서라도
옷깃을 여미며 부모 일랑 다시 생각해 보세

오늘은
당신의
남은 생을
시작하는
날입니다

아내가 옆에 없다면

한 번도 그런 생각을 해본 적이 없습니다
아내가 옆에 없을 수 있다는 것을
불현 듯 그런 생각이 들면서 아찔한 마음이 들었습니다
아 그럴 수도 있겠구나! 하고 말입니다
옆에 누워 자는 아내의 이마에 입을 맞추고
자리에 누워서 잠을 청하다가 문득 들어온 생각입니다
그러면 어떻게 되는 것인가
나 홀로 잠을 청해야 하고 혼자인체 일어나야 한다는 사실을
그 얄궂은 생각이 들어 온 즈음
내 머리는 온통 눈 내린 산처럼 하얘졌습니다
아차! 하는 마음에 옆에 누워 자는 아내를 다시금
찬찬히 들여다보았습니다
그날따라 그렇게 아름다워 보일 수가 없었습니다
본래 민낯이 더 보기 좋은 그녀였지만
그 순간만은 더더욱 그랬습니다
그러나 그 이상은 생각하기 싫었습니다

지금 내 옆에 누워 자는 아내가
언젠가 내 곁에 없을 수 있다는 것을
그것은 내가 가상하기 싫은 것 중
최악의 상황일 것입니다
그러나 언젠가 그런 날이 올 수도 있겠지요!
내 옆에 아내가 없는

부부로 산다는 것

남남이 만나
님이 된다는 것이
말처럼 어디 그리 쉽던가요
내 뾰족한 꼭지를 떼어내야
님으로 태어나겠지요
님으로 다시 나는 것은
해산의 수고만큼이나 힘든 일이겠지요
사랑해서 만나고
사랑하겠다고 결혼도 했지만
날마다 한결같이 사랑하는 게
어디 그리 쉽던가요
살다 보면
좋다가도 싫을 때가 있고
싫다가도 좋을 때가 있지요
갈등은 다툼이 되고
다툼은 골을 만듭니다

사이가 벌어진 거지요
부부싸움에 승자와 패자가 있으면
둘 다 진 거고
승자와 패자가 없으면
둘 다 이긴 겁니다
적과의 동침이 아닌
단 하나의 사랑과의
밀월이 되기를 축복합니다

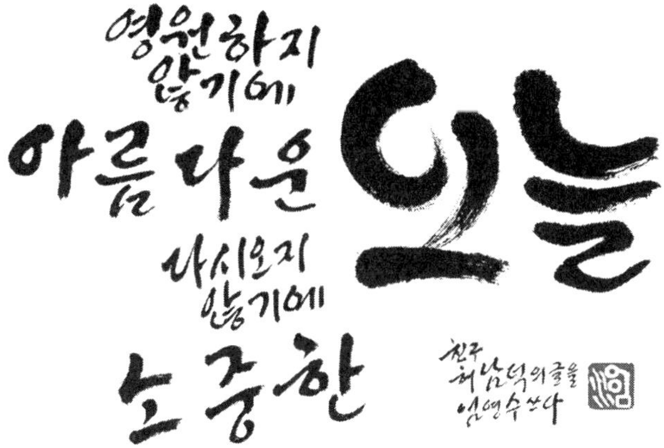

있을 때 잘 해

후회하지 말고
“있을 때 잘 해”라고
연골이 나에게 말을 걸어온다
후회하지 말고
“있을 잘 해”라고
일터가 나에게 말해 준다
후회하지 말고
“있을 때 잘 해”라고
부모님의 얼굴이 보여 준다
후회하지 말고
“있을 때 잘 해”라고
배우자가 무언중에 들려준다
후회하지 말고
“있을 때 잘 해”라고
지갑이 소리친다
후회하지 말고

"있을 때 잘 해"라고
세월이 가면서 일러준다
후회하지 말고
"있을 때 잘 해"라고
성령님이 말씀해 준다

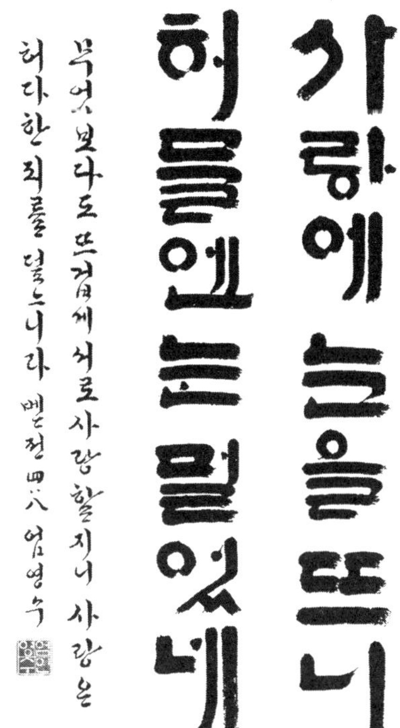

내 아내가 좋아하는 것

내 아내가 좋아하는 것은
이야기하는 것이다
5가지 사랑의 언어 중에서도
단연 으뜸이다
그리고 좋아하는 것은
기도하는 것이다
내 아내는 기도하는 여자다
나는 그런 아내가 좋다
꽃 중에는 수선화를 좋아한다
희고 노라면서도 꼿꼿하고
고결이란 수선화의 꽃말처럼
아내는 수선화를 닮았다
수건도 흰 것을 좋아한다
백의의 천사여서일까
숨김이 없어서일까
마음 까지 하얗게 보인다

여행을 좋아하는 아내는
특별히 북유럽을 좋아한다
핀란드 덴마크 노르웨이 등을
유난히 좋아라 한다
흰 밥에 치즈 얹어서 먹기
옥수수 과일 조기 감자 달리기
선교 루이보스티 빨간 머리 앤을
좋아하는 그녀는 사랑스런 내 아내다

시인이 되고픈 시인

동경하기 어려운 동경
시인의 삶이라
세속에 있는 듯
다른 세계의 삶을 삶이라
빼곡한 글자의 나열이 아니라
감성의 노래이리라
치열한 삶의 현장에서 용해된
의미의 향연이리라
현재에서 태고에로
태고에서 미래를 넘나듦이라
인간의 내면과 자연의 외면을
음미하고 풀이함이라
인생의 애환과 영생의 환희를
읊조림이라
어릴 적 막연하게 품었던 시인의 꿈을
오십 대에야 이룸이라

시인이 된 지금도
나는 시인이고프다
푸시킨의 삶과
윤동주의 서시를 쓰고픈 시인이고프다

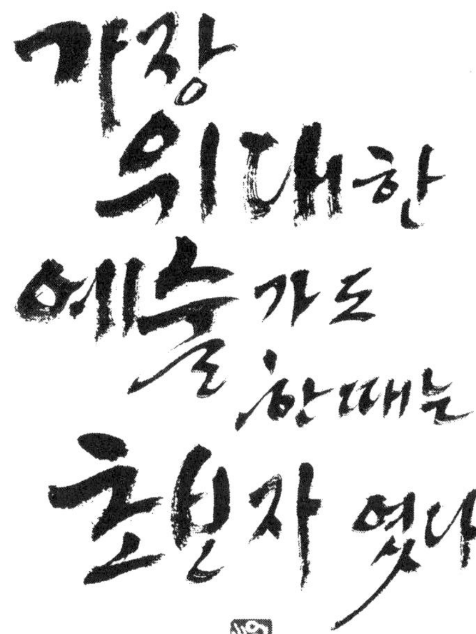

안경을 닦으며

2.0과 1.5이던 눈이
언제 그랬느냐는 듯이
이제는 안경에 손이 간다
아직은 제법 안경 없이
책을 읽고 컴퓨터 작업을 하지만
사전을 보자면 안경을 찾는다
자주 쓰는 안경이 아니어서인지
간혹 들여다보게 되는 안경에는
손자국도 먼지도 묻어있다
육십여 년 용케도
안경 없이 잘 살아왔지만
이제는 안경과 친할 날만 남았다
안경을 들다가
안경알에 묻은 티가 눈에 들어온다
안경에 무심했던 마음이 들켰다
정성스레 안경을 닦아보지만

한쪽을 닦으면
멀쩡하던 다른 쪽이 번진다
안경도 시샘하는지
자기에게도 손길 한 번
더 달란다
안경을 안 쓸 때는
안 써서 좋고
쓸 때는 학자 같아서 좋다

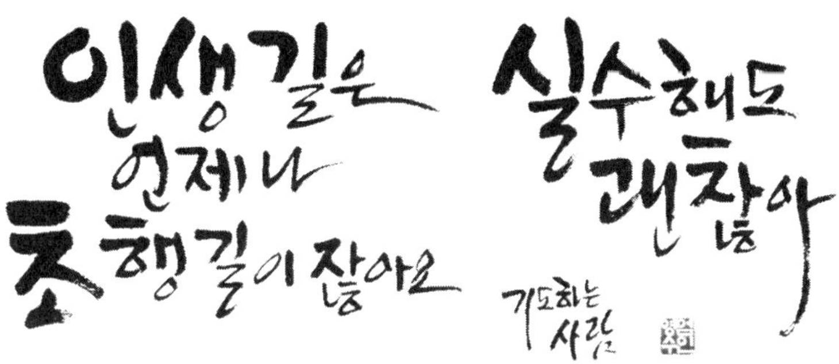

결혼 축시

1.
마치 하늘에서 내려온 막내 천사처럼
하이얀 웨딩드레스 감싸고 들어온다
신랑의 내민 손
가볍게 잡고 팔짱을 낀다
거리 간격이 없어진 것이다

평생을 이렇게 살어리랏다
힘들면 힘주고
흔들리면 잡아주고
웃을 땐 함께 웃으며
한 길을 간다
한 꿈을 꾼다
한 생을 산다
모두가 기뻐하고
그 분이 좋아라하시는
영원한 하나 됨을 향하여

2.

하늘이여 춤추라
땅이여 기뻐하라
조물주가 만물을 창조하신 후
남자와 여자를 지으시고
"보시기에 심히 좋았더라" 말씀 하셨던
그들이 지금 여기에 서 있다
이 자리에 서기까지
얼마나 힘들었던가
얼마나 오래 기다렸던가
이제 그 날이다
그 날이 온 것이다
마음껏 기뻐하라
발을 구르며 춤추라
"둘이 한 몸을 이룰지로다" 하신 말씀대로
온전한 하나를 이루라
둘 사이에 아무도 있지 않게 하라
오직 주님만 있게 하라
같은 마음과 같은 시선으로
참 믿음과 오래 참음으로

다함이 없는 사랑을 사랑하라
어제보다 나은 오늘을
오늘보다 나은 내일의 세상을 만드는 일에
네 혼을 불어 넣으라
웨딩드레스의 끝자락보다 더 긴
여운을 남기는 삶을 영위하며
포킷치프 보다 더 운치 있는
한 폭의 인생 그림을 그려가라

* 2016. 1. 12. 조은길 박묘심 결혼에 부쳐

4부

이런 교회가 되게 하소서

영적 비만 치료

남 보기엔 날씬해 보인다
키도 크고 팔등신이어라
모두들 부러워하는 눈치다

평소 운동이 효과를 본 모양이다
음식 조절에도 신경을 쓴 편이다
남 다른 균형 잡힌 몸이 되었다

그래도 왠지 부대끼는 느낌이다
보이지 않는 부분 속살이 쪄서일까
저울에 올라 보아야 하겠다

말씀의 저울에 올라보니
교만의 비만이
욕심의 비만이
시샘의 비만이

우월의 비만이
자고의 비만이
미움의 비만이
염려의 비만이
평소의 눈금을 훌쩍 넘겼다

마땅한 처방과 치료책은 없을까
교만은 겸손하기로
욕심은 나눔과 섬김으로
시샘은 칭찬해주기로
우월은 자신 바로알기로
자고는 제자리에 서기로
미움은 사랑과 용서로
염려는 믿음과 신뢰로

주여 내 내면의 영적비만을 치료하사
건강한 신앙과 인격의 소유자로 고쳐 주옵소서

소명(召命)

나는 편안한 삶을 원하였으나
그 분은 정하신 길을 가라하네

나는 나의 길을 가려했으나
그 분은 주의 길을 가라신다

나는 평범한 삶을 택하려했으나
그 분은 비범한 삶을 요구하셨다

미리 알고 접어 두었던 그 길
그 길을 펼쳐 보이며 가리키셨다

세상에 물들고 철들기 전 고3시절
부흥성회 예비하고 날 부르셨네

그 성회 지금 아무도 기억지 못하나

내게는 일생의 향방을 가늠했어라

멋모르고 달려 온 선지동산 후 삼십 여 성상
이루어 놓은 것 없어 송구하기만 하여라

내 남은 날을 계수하는 마음으로
오늘도 목양의 터전에서 즐거이 달려가리라

사순절의 묵상

그리스도는 날 위해 고난을 당하셨건만
내 마음은 왜 이리도 무덤덤하기만 한지요

그리스도는 날 위해 찔리고 상하셨건만
내 마음에는 찔림도 상함도 없는지

사순절은 부활을 기다리며 참회하는 교회력의 일부 일뿐
내가 겪는 사소한 일상의 고민보다 못하니

주여 나는 거듭난 그리스도인입니까
주여 나는 누구입니까

이제 막 고난주간으로 접어드오니
주여 이제라도 내 마음을 만져 주옵소서

그리스도의 받으신 고난 속에 있는

나의 허물과 죄악과 악독을 낱낱이 보게 하소서

그리하여 부활의 아침 그 기쁨을 누리게 하시며
그 찬란한 영광의 아침을 노래하게 하소서

사마리아 여자

사랑에 목마른 여자
물 길으러 우물가로 가다
물동이 가득 퍼 담고
집 쪽을 바라본다

애써 시선을 피했던 한 남자
그 여자에게 말을 걸어온다
"물을 좀 달라"
"사마리아 여자인 나에게 물을 달라 하나이까"

말은 오가나 시선은 엇갈리고
물을 구했으나 마시지는 못했어라

유대인 한 남자
우물가에서 길어 올린 물 이야기
사마리아 여자 마음을 빼앗다

"그런 물을 내게 주사 목마르지도 않고"

헛바퀴 구르던 대화는 간간이 이어졌고
세월에 사랑에 남자에 패인 상처가
조금씩 기워져 갔어라

원했던 사랑은 채우지 못하여
애달프기만 하고
구멍 난 가슴은 허허롭기만 하다

이번만은 잘살리라
다짐하며 만난 사람
둘 셋 넷 다섯…, 마지막도 족하지 못하였어라

여린 마음에 남은 아픔
이제야 아물어 지려니
생수 예배 복음 예수로
사마리아 여자 다시 태어나다

죄 이제 지겹다

찰나는 좋아 보이나 결과는 나쁜 것
끝날 것 같으면서
끝나지 않는 것 죄
전에도 수시로 찾아와서
힘들게 했던 손님
또 다시 찾아와 괴로움 주는 죄
쫓아내면 다시 오고
발길로 차도
또 찾아오는 죄
죄 이제 지겹다
네 꼴도 보기 싫다
죄 이제 그 냄새도
맡기 싫다
내 너를 만나면 구역질이 날 것 같다
내 너를 더 이상 상관하지 않으리라
내 너를 투명한 존재 취급 하리라

그래서 나 살아 나리라
주 나를 살리리라
더럽고 못 생긴 너 죄
무저갱이 안성맞춤일 게다
나는 야 의의 세마포 입고
하늘을 살리라
나는 노래하리라
죄 사함과 구원의 은혜를 주신
내 주님을

빼기 영성

수영 할 때처럼 몸에 힘을 빼야 합니다
탁구 할 때처럼 어깨에 힘도 빼야 합니다
비만인 사람이 몸무게 줄이듯
욕심도 욕망도 줄여야 합니다
욕조의 거품마냥 지나친 교만의 거품도 빼야 합니다
나를 높임으로 남을 저절로 낮추는
자기 자랑도 빼야 합니다
나는 항상 옳고 너는 항상 잘못한다는 등식의
용서 없는 미움도 빼야 합니다
어쩌다 그렇게 할 수 있어서 하게 된 것을
대단하게 부풀리고 과장하는 공치사도 빼야 합니다
자신은 한 번도 죄 지은 적이 없는 것처럼 하나
무관심과 이중인격적인 자기 의(義)도 빼야 합니다
모든 것이 조건과 환경 탓 인양하며
너무 쉽게 자포자기하는 열등감도 빼야 합니다
똑똑한 척하며 비판하고 비관으로 일관하는

부정적인 생각도 빼야 합니다
빼기는 비움의 영성입니다
비우면 몸도 마음도 영혼도 가벼워집니다
빼기는 버림의 영성입니다
물욕도 명예욕도 육체의 욕망도 조용히 버리는 것입니다
빼기는 엎드림의 영성입니다
모든 수도사나 기도자는 절대자이신 신 앞에서 엎드립니다
빼기는 가난의 영성입니다
북유럽처럼 복지가 쥐 마냥 신앙을 어느새
소리 없이 갉아 먹어 버립니다
빼기는 자기부인(自己否認)의 영성입니다
나의 나 된 것은 모두가 그 분의 일하심이기 때문입니다
빼기는 제로베이스 영성입니다
처음으로 돌아가는 것입니다
잃어버린 에덴의 자아를 찾아서
다시 그 분과의 관계를 회복하기 위한 빼기입니다

이런 교회 되게 하소서

주여 우리 교회로 이런 교회되게 하소서
모든 일 가운데 예배가 중심이 되는 교회
예배하는 일에 모든 우선순위를 두는 교회
늘 드리는 예배이지만
기뻐하며 감동과 감격으로 예배하는 교회
예배가 활어처럼 살아 움직이는 교회
성령이 제한 없이 일하시는 예배가 있는 교회
아무런 의미나 고백과 헌신이 없이
드리는 예배를 거부하는 교회
성령의 만지심이 있어
몸과 마음의 치유를 경험하는 교회
허겁지겁 와서 숨 가쁘게 드리는 예배가 아닌
사모하고 준비된 마음으로 예배하는 교회
선포되는 말씀이 건조하지 않고
심령에 울림을 주는 예배가 있는 교회
삶의 희망과 힘을 실어 주는

말씀의 실천과 나눔의 교제가 있는 교회
사탄이 문 입구에 왔다가
스스로 도망가는 영적인 파워가 있는 교회
온전한 예배를 드림으로
다른 모든 교회 고유의 목적을 다 이루는 교회
주여 우리 교회로 이런 교회되게 하소서

* 핀란드 헬싱키에서

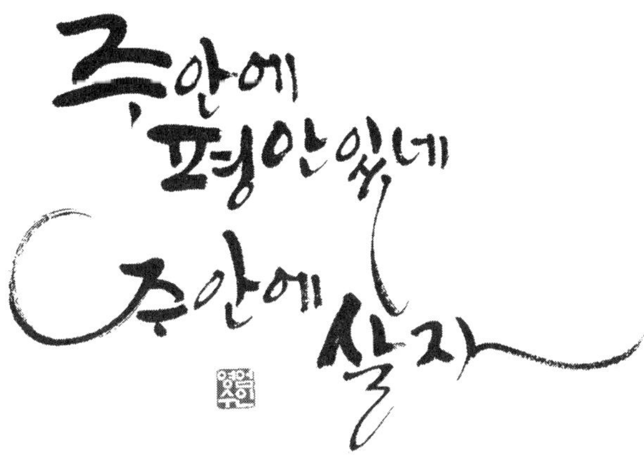

비 오는 창가에서 그분의 사랑 듣네

나뭇잎 적셔주는 그 비가 그렇게 좋을 수 없어요
그 비가 내 맘 적셔 준다면 얼마나 더 좋을까
주룩주룩 내리는 그 비가 그분의 눈물일까
내 영혼 씻어주는 하나님 그분의 사랑일까
아무도 알 수 없는 하나님 그분의 비밀일까

비 오는 창가에서 들었던 그 소리 내 너를 사랑해
그 음성 그 빗소리 지금도 내 귀에 울리는데
내빈마음 허전한 그 자리 오주여 채우소서
내 영혼 싸매주는 하나님 그분의 창가에서
이전에 듣지 못한 하나님 그분의 사랑듣네

* 웅촌 부전기도원 409호 창가에서

다정한 말에는 꽃이 핀다.

내 마음을 새롭게 하소서

내 마음을 지으시고 다스리시는 주여!
내 연약한 마음을 강하게 하시며
내 흔들리는 마음을 붙잡아 주소서
내 더렵혀진 마음을 깨끗케 하시며
내 떨리는 마음을 견고케 하소서
내 위축된 마음을 풀어주시고
내 놀란 마음을 안정케 하소서
내 간사한 마음을 기경하시며
내 좁아진 마음을 넓게 하여 주소서
내 시기하는 마음을 존경으로 바꾸시며
내 미워하는 마음을 사랑으로 채우소서
내 교만한 마음을 낮추어 주시며
내 텅 빈 마음을 진리로 채우소서
내 놀란 마음을 진정시켜 주시며
내 상한 마음을 치유해 주소서
내 두 마음 품은 것을 용서하시며

내 마음 같지 않은 마음도 본심으로 바꾸어 주소서
내 원망하는 마음을 감사로 넘치게 하시며
내 깨어진 마음을 싸매어 주소서
내 무너지는 마음을 보수하여 주시며
내 알 수 없는 마음의 중심을 잡아 주소서
내 사랑하고픈 마음을 곱게 사용하시며
내 가난한 마음을 복 있게 하소서
내 양심적인 마음을 빛나게 하시며
내 불쌍히 여기는 마음을 늘 품게 하소서
내 거룩한 마음을 붙잡게 하시며
내 고운 마음을 더욱 곱게 하소서
내 조각난 마음의 퍼즐을 맞추어 주시며
내 답답한 마음을 얼음냉수같이 시원하게 하소서
내 지친 마음에 새 힘을 주시며
내 어린 마음을 장성하게 하소서

마스크를 쓰고 배운 것

감기에 걸렸을 때나 쓰던 마스크를
언젠가부터 상시로 쓰고 지내게 되었다
별로 반갑지 않은 일이지만
싫은 내색을 할 수도 없다
나만이 아니라 너와도 관계가 있기 때문이다
너도 쓰고 있는데
나만 불편하다고 벗을 수는 없다
우리는 우리니까
비록 마스크를 썼지만
하나님을 향해 닫혔던 입은 열게 하시고
사람 사이에도 마음의 거리는 가까워지기를
모두가 바라고 있다
그동안 걸러내지 못하고 나갔던 말들은
정화되고 순화되어 나가는 기회가 되고
온유하고 부드러운 말로 사람을 세우는
은혜를 갈구하고 있다

사람은 말하는 유일한 동물이라
말을 제대로 못 하고 사니
사람 사는 맛이 안 나지만
좋은 날을 기다리는 수밖에 없다
말로써 말이 많으니 말을 말까 했는데
말로써 얻는 유익이 많으니
선한 말과 은혜로운 말로
말하게 하신 그분께 영광 돌리자

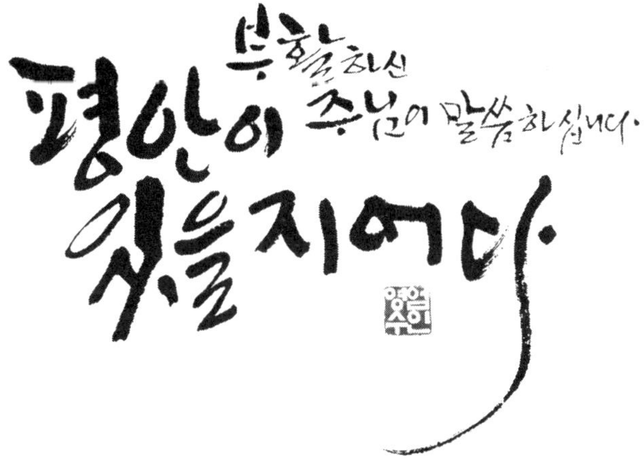

수렁에서 건지시는 주

길을 걷다 보니
어느 순간 진흙 뻘이 나타났다
그 길을 지나야만 했다
피해 갈 길이 없었다
가고 싶지 않은 길
어렵사리 내민 발을 땅속에서 잡아당기는 것 같았다
보이지 않는 실체가 있다
빠져나오려고 다른 발을 다시 내디뎠으나
두 발 다 점점 더 깊이 빠져들 뿐!
주여 어찌하시려고
이렇게까지 하시나이까
깊은 한숨과 탄식이 흘러나온다
그때 다가와 내민 손
그 손을 잊을 수 없다
주님이 보내신 손이었으리라
나는 2막 3장까지밖에

볼 수 없었으나
주님은 5막 7장까지 알고 계셨다
드디어 빛이 온 것이다
주님의 계획이 드러난 것이다
수렁에서 건지시는 주를 찬양하리라

환자를 위한 기도

우리의 약함을 아시는 주여
환부를 만지시사
나음과 평화를 주소서
질병이 나를 이기지 못하게 하시며
주의 손으로 도우시는 것을
매일매일 깨달아 알게 하소서
홀로 있으나
외롭지 않게 하시며
주와 동행하게 하소서
불안과 두려움이 엄습할 때라도
주의 말씀이 생각나서
이기게 하소서
나도 모르게 흐르는 눈물을
주체 할 수 없을 때에
주의 손으로 닦아 주소서
나의 병듦으로 인해

다른 환자들을 이해하고 품을 수 있는
사랑의 마음을 주소서
사람은 치료하나
고치시고 낫게 하시는 이는
하나님이심을 뭇 사람이 보아 알게 하소서
오늘도 살아있음에 감사하며
영혼이 잘 됨 같이 범사에 잘 되고
강건하게 하소서

작품해설

여백과 길,
그 꽃과 호미의 시학

- 김순진(문학평론가 · 고려대 평생교육원 교수)

〈작품해설〉

여백과 길, 그 꽃과 호미의 시학

김 순 진

조성원 시인은 머리부터 발끝까지, 뼈 한 마디, 피 한 방울까지 모두 하나님의 피조물이요 하나님의 자녀다. 그는 경북 영양군 청기면 정족리 736번지에서 태어났다. 영양은 청록파 조지훈의 고향이기도 하다. 그러다 서울 종로구 창신동 7번지로 어린 시절에 이주하여 성장한다. 내가 왜 조성원 시인을 두고 머리부터 발끝까지 하나님의 자녀라고 하는지를 이제 말하려 한다. 조성원 목사의 할아버지는 장로셨다. 그리고 할아버지가 사시던 곳은 조성원 목사가 태어나 발자국을 남긴 본적지다. 그 본적지 위에 교회가 세워졌으니 그 이름이 정족교회다. 그리고 할머니께서는 목회자들에게 이밥을 대접하였고, 그런 이후 그 자녀와 손자들이 대부분 목사가 되어 목회를 하고 있다. 그러니 어찌 하나님의 피조물이요 자녀라 하지 않을 수 있겠는가? 그 할아버지의 아들인 조석오 목사를 비롯하여 사위 석병규, 장현숙, 양영오 목사, 그리고 손자인 조성일, 조성원, 조성광, 석태희, 홍창현 목사, 손녀인 조진성 목사와 손녀사위 이정현 목사까지 11명의 목사가 그 할아버지 밑에서 배출되었다. 실로 하나님의 영광이요, 나사렛예수의 뜻이다.

이 시집은 크게 4부로 나뉘어져 있다. 조성원 시인은 1부 '소나무에게 배우다'에서 자연과 인간의 친화적 삶을 통해 배우고 공존하는 법을 이야기하고 있다. 2부 '길은 있다'에서는 여행과 만남을 통하여 성장과 소통하는 법을 이야기하고 있으며, 3부 '내 마음의 고향 영양'에서는 부모님과 아내, 자녀 친구 등 지금까지 나를 있게 해준 사람들에 대한 감사함을 피력하면서 가족의 중요성을 이야기하고 있다. 4부 '이런 교회가 되게 하소서'에서는 그동안 하나님의 자녀로, 하나님의 일꾼으로 쓰임 받는 것에 대하여 더욱 당당히 진군나팔을 불면서 앞으로 나아가고자 하는 용기가 들어있다고 하겠다.

그럼 이쯤해서 조성원 시인의 시 두 수를 읽으면서 조금이나마 맛깔스런 그의 시세계를 음미해보자.

모처럼 아무런 일정이 잡혀져 있지 않은 날이다
사람에도 일에도 매일 일이 없는 날이다
그냥 캔버스 위에 빈 도화지와 같은 날이다

마음 가는대로 생각 가는 대로 발 가는대로
물처럼 빛처럼 흐르고 스며들면 되는 거다
그래서 오늘은 자유로움과 새로움의 날이다

하늘과 땅 사이에 빈 공간이 있듯이
나무줄기와 꽃의 사이가 있듯이
삶에도 여백이 필요하다

치열한 일과를 마치고서
나 혼자만의 시간이 필요하듯 말이다
시에도 여백은 필요한 것

– 「여백이 있는 삶」 전문

조성원 시인은 이 시를 이 시집의 제목으로 정했다. 왜 그 많은 시들 중에 이 제목을 시집의 제목으로 정했을까? 그것은 조성원 시인이 그렇게 하고 싶었기 때문이다. 지금까지 여백 없는 삶을 살아왔거나, 그렇게 느껴졌기 때문에, 이제부터라도 여백이 있는 삶을 살아보고 싶어서 그런 제목을 정했을 것이다. 그럼 환갑이 넘은 우리들에게 여백이 있는 삶이란 어떤 것일까? 아내나 자식에게 잔소리 하지 않고 그들 스스로가 재미있는 삶을 찾을 수 있도록 내버려 두는 것, 예쁘다고 그 꽃을 꺾어오지 않고 가슴 속에서 여운으로만 감상하는 것, 그런 것이 여백이 있는 삶이 아닐까?

사람들은 자신의 가방을 두 채우고 싶어 한다. 돈을 채우고 마스크를 채우고, 휴지를 채우고, 휴대폰을 채우며, 하물며 양말과 속옷, 그리고 어디서 주운 낙엽까지 채워서 가방이 책가방인지 돈가방인지, 나들이 가방인지, 인의 가방인지 알 수가 없게 만든다. 그림이란 여백의 미가 중요하다. 꽉 채운 그림은 아무리 잘 그렸다고 보는 사람으로 하여금 가슴이 답답해지게 할 수 있다. 시인은 시에서도 여백이 필요한 것이라 말한다. 시에서의 여백이란 무엇일까? 나는 그 질문에 주장하지 않은 것이라 말하고 싶다. 이렇게 해라 저렇게 해라, 독자를 힘들게 하지 않은 것, 그리하여 애기똥풀꽃과 민들레를 있는 그 자체로만 바라보는 것, 어떤 의미를 부여하지 전에 스스로 존재함 자체가 큰 의미임을 바라보는 것이 아닐까 하는 생각이 든다.

비록 큰길은 아니라 하더라도
어디에나 길은 있다
반듯한 길은 아니더라도
길은 나를 목적지로 이끌어 준다
길은 길과 낳아있나
어디로든 갈 수 있게 해준다
살다가 문제를 만났다 하더라도
길은 언제나 있다
다만 어느 길로 찾아가는 것이 좋은지는
순전히 나그네의 몫이다
길을 걷다 보면
좋은 생각이 떠오를 때가 있다
잘못 간 길이거든

이내 돌아 나오면 되는 것이다
길이 없는 게 아니라
길을 찾을 마음이 없는 것이다
길에서 헤맬 수는 있지만
다시 돌아보면 길은 보인다
길속에 답이 있다
길을 걸으며 문제를 되짚어본다

－「길은 있다」 전문

길은 길로 나 있다. 길이 없는 데서 진정한 길이 시작된다. 단절은 새로운 길을 모색하기 위한 시작이다. 군자 대로행이라 했지만, 큰 길로만 다니면 오솔길을 걷다 만나는 새소리와 물소리를 듣지 못한다. 길을 찾기 위해서 많은 사람들은 네비게이션이나 지도책, 나침반을 찾는다. 그런데 정작 그런 도구를 사용해서 찾는 길은 길 위에 있는 길일뿐, 길 아래로 난 뿌리의 길이나 하늘로 난 영생의 길을 찾을 수 없다. 사랑의 길을 찾기 위해서는 이성의 마음으로 난 길을 잘 찾아가야 한다. 효도의 길을 찾아가기 위해서는 부모님이 어디가 가렵고 무엇이 불편한지를 살펴야 한다. 그렇듯 영생의 길을 찾기 위해서 천국의 길을 찾기 위해서 우리는 하나님을 만나야만 한다. 하나님을 만나지 않고 하나님께서 주관하시는 천국으로 들어갈 수 없다.하나님께 간구하고 하나님께 의지하며 하나님 뜻대로 행할 때 우리는 비로소 천국으로 난 길을 예약할 수 있다.

처음 찾아가는 길에서 사람들은 길을 몰라 어리둥절하며 헤매기 일쑤다. 그것은 한꺼번에 너무 생경한 지역으로 나를 밀어 넣었기 때문이다. 나를 행복의 길로 밀어 넣으려면 날마다 조금씩조금씩 그곳을 향해 다가가야 한다. 행복의 길은 가정에 있고, 성공의 길은 노력에 있고, 영생의 길은 믿음에 있으며 문학의 길은 관찰에 있다. 나는 조성원 시인께서 「길은 있다」고 말씀하신 이유를 안다. 그것은 내가 먼저 손을 내밀고, 내가 먼저 실천하며, 내가 먼저 사과하는 길임을 조성원 시인은 알고 있는 것이다. 이 시집으로 말미암아 조성원 시인은 또 다른 행복의 길을 만날 것이다.

그런 의미에서 이 시집은 여백과 길의 만남이라 하겠다. 여백은 꽃, 즉 여유요, 길은 호미 즉 방법론이다. 따라서 이 시집은 각박한 세상을 살아가는 사람들의 상처받은 가슴을 치유하는 처방전이다. 조성원의 시에는 몇 가지 특징이 있다. 첫 번째로 사랑이 있다. 늘 하나님 사랑을 전하는 마음을 견지한다. 두 번째로 봉사가 있다. 나보다 가족과 이웃을 챙기며 나눔의 실천을 도모한다. 세 번째로 치유의 능력과 안식의 평안이 있다. 그의 시를 읽으면 각박한 세상에서 상처받은 마음이 치유됨을 느끼며, 어느새 고향이나 어머니 품에 안긴 듯 평안함을 느끼게 된다. 우리는 조성원 시집 『여백이 있는 삶』을 통해서 용기를 재충전해 또다시 꿈을 향해 가나안용사처럼 진군하게 된다.

첫 시집의 상재를 진심으로 축하드린다.

조성원 시집

여백이 있는 삶

초판발행일 2021년 10월 25일

지은이 : 조성원
발행인 : 김순진
편집장 : 전하라
디자인 : 김초롱
펴낸곳 : 도서출판 문학공원
등 록 : 2004년 3월 9일 제6-706호
주 소 : 우편번호 03382 서울 은평구 통일로 633
녹번오피스텔 501호 스토리문학사
전 화 : 02-2234-1666
팩 스 : 02-2236-1666
홈페이지 : http://cafe.daum.net/yob51
이메일 : 4615562@hanmail.net

※ 책값은 뒤표지에 있습니다.